HANS TRAXLER

Sniffler

Der englische Dachshund

Insel Verlag

2. Auflage 2018

Erste Auflage 2018

Druck: CPI – Ebner & Spiegel, Ulm
Printed in Germany
ISBN 978-3-458-17746-3

INHALT

20.4.21.

Liebe Bärbel,
wir gratulieren Dir herzlich zum Geburtstag und wünschen Dir von Herzen alles Gute, vor allem weiter so viele Fortschritte zur Gesundung. Wir freuen uns mit Dir, dass Du den Geburtstag zu Hause mit Familienmitgliedern feiern kannst. Jetzt wird ja auch endlich der Frühling kommen und Du kannst Deine schönen Balkone genießen.

János Angeli

www.janos-angeli.de

Geburtstag

Schöne Karten aus Leidenschaft!

EVENT by János Angeli
972 ED
4 039789 240006

SNIFFLER
Der englische Dachshund

DIE ANKUNFT

Zum ersten Mal sahen wir Sniffler aus 400 Metern Höhe, als das Flugzeug eine Warteschleife über East Sussex zog und langsam an Höhe verlor.
Eigentlich war er nur ein kleiner schwarzer Punkt auf einer von Hecken, Mauern und hohen Bäumen umgebenen Wiese am Rande eines Golfplatzes vor einem langgestreckten verwinkelten Haus mit einem markanten Schornstein, wie Sam es beschrieben hatte.
Der schwarze Punkt schoss quer über die Wiese vor unserem Flugschatten her. Wahrscheinlich kläffte er wie verrückt vor Freude. Dachten wir.
Eine Stunde später sahen wir ihn selbst. Er saß abwartend in der Einfahrt, ein englischer Dachshund mit glänzenden Augen und schwarzgelocktem Fell, das bis zum Boden reicht.
»Hallo Sniffler«, sagt Nenna, »wir haben dich vom Flugzeug aus gesehen!«
Sniffler dreht sich um und geht ins Haus.
»Nehmt es nicht persönlich«, sagt Sam.
»Ihr werdet euch bestimmt aneinander gewöhnen«, sagt Emily beim Abendessen. »Sniffler ist ein lieber Kerl. Ein bisschen eigensinnig vielleicht, ein Dackel eben. Er tut nur, was er mag, hört nie auf das, was man sagt, und gehorcht keinem Befehl.«
»Wie unsere Katze!«, sagen wir und lächeln uns alle verständnisvoll an.
»Versucht es nie mit Gewalt! Wenn er knurrt oder die Zäh-

ne zeigt, geht ihm aus dem Weg. Er kann mit einem Happs einen Finger durchbeißen.«

»Wir werden's uns merken«, sage ich. »Fahrt ihr mal ganz beruhigt in euren Urlaub.«

»Übrigens«, sagt Emily, bevor wir alle zu Bett gehen, »übrigens ist Sniffler ein furchtloser Wachhund. Ihr seid hier vollkommen sicher.«

»Wovor denn?«

»Vor Hirschen. Es gibt hier ein Rudel Hirsche, die nachts ans Haus kommen und randalieren. Neulich haben sie das Badminton-Netz mit ihren Geweihen zerfetzt. Aber Sniffler hat sie jetzt unter Kontrolle. Wenn ihr ihn also nachts bellen hört, könnt ihr ganz beruhigt sein. Sniffler lässt niemand ins Haus, nicht mal eine Ratte.«

»Ihr habt Ratten?«

»Nur die eine.«

»Ach so«, sagt Nenna.

»Gegen Ratten da draußen ist ja nichts einzuwenden«, sage ich.

AM NÄCHSTEN MORGEN

Emily erzählt: »Letztes Jahr wollten wir für eine Woche an die Algarve fliegen. Die Reise war gebucht, die Koffer waren vorausgeschickt, eine Urlaubsvertretung für Sniffler sollte am gleichen Tag einziehen.
Wie das Taxi vor dem Haus hält, flitzt Sniffler durch die Hintertür, springt auf den Beifahrersitz und rührt sich nicht von der Stelle. Wir betteln, wir brüllen ihn an. Er zuckt mit keiner Wimper und schaut stur geradeaus durch die Windschutzscheibe.«
»Warum habt ihr ihn nicht einfach herausgehoben? So schwer ist er doch nicht.«
»Der Taxifahrer hat's versucht, bevor wir ihn warnen konnten. Sniffler hat mal kurz zugeschnappt und ihm den Ärmel aus der Jacke gerissen!«
»Wie rücksichtsvoll! Er hätte ihm ja auch den Arm ausreißen können!«
»Hätte er vermutlich. Jedenfalls ist der Taxifahrer mit einem Satz aus dem Auto gesprungen. Er war kreidebleich. Wir saßen dann alle drei eine geschlagene Stunde auf dem Mäuerchen. Der Fahrer weigerte sich, per Funk Hilfe zu holen, dazu hätte er ja die Autotür öffnen müssen. Irgendwann schwebte unser Ferienflieger übers Haus, und das war's.
Als hätte er nur darauf gewartet, springt Sniffler vom Autositz und trabt zur Haustür, und wir folgen ihm. Der Fahrer hat uns dann die Rechnung für das Jackett und eine Stunde Wartezeit geschickt. Das Geld für Flug und Hotel

haben wir natürlich auch nicht wiedergesehen. Die Leute vom Reisebüro haben uns einfach ausgelacht.«
»Was für eine Enttäuschung! Sicher wart ihr furchtbar sauer auf Sniffler!«
»Ach was, im Gegenteil. Am Abend haben wir die Nachrichten auf BBC gesehen. Sie zeigten riesige Waldbrände an der Algarve, die just an diesem Morgen in der Gegend unseres Ferienorts ausgebrochen und völlig außer Kontrolle geraten waren. Wir wären mittendrin gewesen. Jetzt waren wir ganz durcheinander vor Freude und tanzten mit Sniffler über die Wiese.«
»Ihr habt keinen Dackel, ihr habt einen Schutzengel!«, sagt Nenna.
»Braver Sniffler!«, sagen wir alle und tätscheln ihm den Rücken.

SNIFFLER HASST KOFFER

»Das größte Problem«, sagt Emily, »ist das Kofferpacken. Sniffler fürchtet offenbar, dass wir ihn verlassen wollen und er dann einsam und allein im Haus verhungert und verdurstet. Also gerät er jedes Mal in Panik, wenn er merkt, dass eine Reise bevorsteht. Um den ganzen Kram zusammenzuholen, gibt es ja ein ständiges Gerenne durchs ganze Haus, treppauf, treppab, Türen auf und zu, raus und rein. Sniffler bleibt uns ständig auf den Fersen. Wenn ich zum Beispiel mit der Badetasche im Schlafzimmer verschwinden will, überholt er mich, springt in den Koffer und knurrt mich an.«

Man könne Scheinkoffer packen, schlage ich vor: »Scheinkoffer sind eine Kriegslist.«

»Die packen Koffer im Krieg?«

»Nein, das ist nur sinnbildlich gemeint. Im Juni 1944 hat Feldmarschall Montgomery bei der Landung in der Normandie einen Scheinangriff simuliert, und zwar östlich des eigentlichen Landeplatzes, um Feldmarschall Rommel in die Irre zu führen. Der fällt darauf rein, entblößt seine linke Flanke, und drei Monate später sind die Alliierten in Paris. Auf eure Situation angewendet heißt das: Ihr packt im Erdgeschoss einen Koffer mit Wintersachen und lasst ihn offen stehen. Sniffler nimmt an, dass ihr ins Engadin zum Skilaufen fliegen wollt. Das will er verhindern und er besetzt den Koffer. Er fühlt sich schon als Sieger, während ihr im Schlafzimmer seelenruhig die Koffer mit den Badesachen packt. Wie Montgomery eben.«

Emily lächelt mitleidig: »Mit so einem simplen Trick kannst du vielleicht einen deutschen Feldmarschall reinlegen, aber doch nicht Sniffler. Der würde sofort den richtigen Koffer besetzen. Notfalls auch drei oder vier. Er ist flink wie ein Wiesel.«

Da war etwas in Emilys Stimme, das mich hätte warnen sollen.

DIE ABREISE

Wir haben es dann doch geschafft, Sniffler zu überlisten, und zwar mit seiner Liebe zu Hanon.
Charles Louis Hanon, geboren 1819, war ein französischer Pianist und Klavierlehrer, der sechzig Fingerübungen für seine Schüler geschrieben hat, ein ziemlich stupides, für Zuhörer enervierendes, für jeden ernsthaften Klavierspieler aber sinnvolles Geläufigkeitstraining, um das Gleichmaß aller Finger zu erreichen und zu erhalten.
Sniffler liebt diese Musik.
Er ist geradezu versessen auf Tonleitern, Triller und Arpeggien. Wenn Nenna übt, presst er seinen Bauch fest an das Klavier, um nur ja alle Vibrationen mitzubekommen. Bei den Moll-Tonarten fängt er erst tief und leise, dann immer lauter und höher werdend zu singen an. Es klingt wie das Heulen der Wölfe bei Vollmond.
Nenna spielt um ihr Leben, das heißt um unseren Urlaub. Sie spielt so inbrünstig, wie man Tonleitern und Terzentriller nur spielen kann. Sniffler begleitet sie gefühlvoll mit seinem Gesang.
Sam und Emily schnappen sich ihr Gepäck und rennen dem Taxi entgegen, das langsam an der Parkmauer entlangfährt. Sie reißen die Türen auf, werfen Koffer und Taschen hinein und springen hinterher. Der Fahrer gibt Gas.
Da merkt Sniffler, dass er reingelegt worden ist. Er versucht gar nicht erst, dem Taxi nachzulaufen, obwohl es ihm sicher ein Leichtes wäre, in die Reifen zu beißen und dem Wagen den einen oder anderen Plattfuß zu verpassen.

Seine ganze Körperhaltung drückt eine tiefe Verachtung aus.
»So ist das also«, scheint er zu sagen. »Man beschützt ihr Haus, Tag und Nacht, vor Hirschen und Ratten, man schenkt ihnen Wärme und Geborgenheit, und bei der ersten Gelegenheit lassen sie einen im Stich. Feiges Pack! Sie halten alle zusammen, die Zweibeiner. Auch wenn sie noch so schön tun, sie sind falsch, falsch, falsch!«
Und damit wendet Sniffler sich uns zu.

Nenna spielt um ihr Leben!

DIE ERSTE NACHT ALLEIN

Als Nenna am Abend dieses ersten Ferientages zu Bett gehen will, erwartet sie eine Überraschung. Sniffler liegt am Fußende und schaut ihr mit glänzenden Augen erwartungsvoll entgegen.

»O nein«, sagt sie streng, »daraus wird nichts, mein Lieber«, und diesmal stehe ich voll auf ihrer Seite.

»Keine Tiere im Bett, egal ob Ratten, Hirsche oder kleine britische Dachshunde! Ab mit dir nach unten!«

»Da wirst du kein Glück haben«, sage ich, »du hast doch gehört, was Emily gesagt hat – er reagiert nie auf Befehle.«

»Auf meine schon«, sagt Nenna und wiederholt ihre Aufforderung in schärferem Ton.

Sniffler schaut sie freundlich an und schlägt freudig mit dem Schwanz auf die Bettdecke. Ihm gefällt dieses Spiel. Nenna gar nicht.

»Tu doch was!«, zischt sie.

»Ich kann gar nichts tun. Wir sind hier zu Gast, und Sniffler hat das Hausrecht. Er kann schlafen, wo er will. Wir befinden uns hier im Master Bedroom, dem Kapitänstisch unter den Schlafzimmern, und wenn Sniffler gewöhnt ist, hier in Vertretung seines Herrn zu schlafen, ist er im Recht. Steht wahrscheinlich schon in der Magna Charta.«

»Na toll! Und wie geht das jetzt weiter? Ich bin todmüde, wir sind seit sechs Uhr früh auf den Beinen!«

»Im Seitenflügel gibt es ein sehr schönes, wenn auch schmales …«

Das Gespräch geht eine Weile hin und her, und als wir von der Besichtigung des Au-pair-Mädchenzimmers zurückkommen, ist das Masterbed leer.
»Na also«, sage ich, »er wollte doch nur ein bisschen mit uns spielen. Ein kleiner Machtkampf, verstehst du? Nachdem er ihn gewonnen hat, ist er großzügig auf unsre Wünsche eingegangen. Das zeigt doch, dass er im Grunde ein hochanständiger, nobler, gastfreundlicher Charakter ist. Guter alter Sniffi!«
»Hoffentlich hast du ...«, sagt Nenna und schläft mitten im Satz ein.

DER ZWEITE TAG

»Kannst du bitte noch eine halbe Stunde im Bett bleiben?«, rufe ich am nächsten Morgen die Treppe hoch.

Auf dem pfirsichfarbenen Wand-zu-Wand-Teppich hat Sniffler die Kampfhandlungen eröffnet. Vierzehn kleine Häufchen sind schön gleichmäßig und übersichtlich auf dem Boden verteilt.

Er sieht mir interessiert zu, wie ich zuerst mit Schaufel und Besen, danach mit Gummihandschuhen und einem scharfen Putzmittel seine carnivorischen Exkremente beseitige und den Boden anschließend desinfiziere.

Mein hochanständiger, nobler vierbeiniger Freund kontrolliert meine demütigende Tätigkeit, als wäre er hier der Aufseher. Geschäftig wuselt er hinter einen Sessel, wo ein übersehenes Häufchen liegt. Dort baut er sich auf, stellt den Kopf schräg, wedelt mit dem Schwanz und schaut mir in die Augen.

»Hier ist noch was«, scheint er zu sagen, und: »Schön wegputzen, damit mir keine Klagen kommen.«

Darf man Hunde erwürgen?

Man darf keine Hunde erwürgen!

Jemand hat mir erzählt, man müsse junge Hunde, die auf den Teppich pinkeln, mit der Schnauze in die Pfütze tauchen. Das sei ihnen so peinlich, dass sie es nie wieder tun.

Vier Gründe halten mich davon ab, diese Erziehungsmethode auf Sniffler anzuwenden.

Erstens die Unappetitlichkeit des Vorgangs. Zweitens mein tiefsitzender Unwille, andere zu erziehen. Drittens der Um-

Auf dem pfirsichfarbenen Wand-zu-Wand-Teppi

at Sniffler die Kampfhandlungen eröffnet

stand, dass Sniffler ein alter Hund ist, dem man nach dem Sprichwort keine neuen Tricks beibringen kann, und viertens die Erinnerung an den Ärmel des Taxifahrers.
Dem Gesichtsausdruck von Sniffler ist zu entnehmen, dass er jeden einzelnen dieser Gründe kennt.
Um zehn kommt Betsy, die walisische Putzfrau. Sie hebt die Nase und zieht die Luft ein. Dann sieht sie die feuchten Flecken auf dem pfirsichfarbenen Teppich. Er sieht jetzt aus wie ein riesengroßes Kuhfell.
»So he did it again!«, seufzt sie.
Sniffler stößt freudige kleine Japslaute aus, was wohl heißen soll: »… und ich kann es jederzeit wieder tun!«

GEFANGEN IM PARADIES

Über den Britischen Inseln liegt ein stabiles Hochdruckgebiet. Kein Blatt rührt sich in der Mittagshitze.
»Ideales Badewetter!«, flüstert Nenna und deutet mit den Augen auf Sniffler.
Wir haben uns angewöhnt, im Flüsterton miteinander zu reden, wenn Sniffler in der Nähe ist, da wir fast sicher sind, dass er uns versteht oder auf eine bisher nicht hinreichend erforschte Weise den Sinn unserer Gespräche deuten kann.
Es ist doch sehr seltsam, dass wir Menschen auch nach fünfzehntausend Jahren des Zusammenlebens mit Hunden uns noch immer der »einfachen Sprache« bedienen, wenn wir mit ihnen sprechen. Einer s e h r einfachen Sprache, die über einsilbige Worte wie »sitz«, »Fuß«, »Platz«, »pfui« und »fass« nicht hinausgekommen ist. Und das in einem Ton, den sich jeder Gesprächspartner verbitten würde.
Kein Wunder, dass die Hunde nicht mit uns reden wollen. Wahrscheinlich gefällt ihnen unser Ton nicht. Oder sie handeln lieber, statt sich auf lange, unerfreuliche Diskussionen einzulassen, nachdem sie herausgefunden haben, dass dies die Sprache ist, die wir verstehen.
Wie auch immer. Ich bin jedenfalls fest entschlossen, hier und heute dem Schweigen der Hunde die Überlegenheit des menschlichen Geistes entgegenzusetzen. Meines Geistes in diesem Fall.
Ich habe alles vorbereitet.
Nenna hat ein kleines, aber hochwertiges Tonbandgerät

mitgebracht, mit dem sie ihr Klavierspiel aufzeichnet, abhört und kontrolliert. Auch Hanons Tonleitern.

Mit diesem schwarzen Kästchen wollen wir Sniffler seine Grenzen aufweisen.

Die Badesachen sind im Auto, der Zündschlüssel steckt im Schloss. Wir schleichen barfuß und auf Zehenspitzen durchs Haus und verriegeln alle Türen. Aus dem Musikzimmer tönen die monotonen Fingerübungen Hanons. Jetzt noch die dreißig Meter über den Kiesweg, dann sind wir frei.

Als wir den kleinen Zweisitzer erreichen, sitzt Sniffler schon auf dem Beifahrersitz und hat diesen mitleidlosen Blick, der uns sagen will: »Netter Versuch, aber ihr habt doch nicht im Ernst geglaubt, ihr könnt mich reinlegen?«

Wir kehren beschämt ins Haus zurück.

Ich verzichte darauf, Nenna einen Vortrag über die unterschiedlichen Tonqualitäten einer Lautsprecherkalotte und des Resonanzbodens eines Klaviers zu halten und über Obertöne, deren Fehlen bei der Tonaufzeichnung uns nicht aufgefallen war, Sniffler aber sehr wohl. Dieser Tag geht an ihn.

LAGEBESPRECHUNG

Wir haben Sniffler unterschätzt.

Sein hochentwickeltes Gehör ermöglicht es ihm, jedes noch so leise Zuklappen einer Haustür, und erst recht das Tappen von nackten Sohlen auf dem Rasen, als das zu erkennen, was es in seinen Augen ist, nämlich als einen weiteren Versuch, ihn allein zu lassen und damit dem qualvollen Hungertod auszuliefern.

Wir sind eindeutig in der Defensive. Sniffler hat alle Trümpfe in der Hand. Er kennt das Gelände und jeden Winkel des Hauses. Er kämpft auf heimischem Boden. Er ist schneller als wir und er hört besser. Er hat das Hausrecht auf seiner Seite und benutzt Waffen, die wir nie einsetzen würden.

Ich denke dabei an den Teppichboden, der noch immer wie das Fell eines holsteinischen Fleckviehs aussieht.

»Ich glaube, wir sind erledigt«, sagt Nenna, »oder wie siehst du das?«

»Wir sind gefangen. Wir sitzen hier in einer herrlichen Parklandschaft, in einem Traumhaus, eine Stunde im Süden das Meer, eine Stunde im Norden London, und sind festgenagelt. Wir wollten jeden Tag in der Pevensey Bay schwimmen, und ich wollte die ›Seven Sisters‹ malen. Und wir wollten endlich in die Tate Gallery, uns den Damien Hirst ansehen.«

»Damien Hirst, ich hör' wohl nicht recht! Für dessen in Spiritus eingelegten Haifisch hattest du doch nur Hohn und Spott! Ein zur E-Kunst hochgejubeltes Naturalienkabinett

„Ich glaube, wir sind erledigt", sagt Nenna

sei das, hast du gesagt. Ein spekulatives Produkt des völlig korrupten, spätkapitalistischen Kunsthandels, hast du gesagt!«

»Mag sein, dass ich mich hinreißen ließ«, sage ich lahm, »war nicht so gemeint. Auf jeden Fall muss man sich das mal an Ort und Stelle ansehen, womöglich entfaltet sich da eine Magie, die eine Abbildung niemals …«

»In diesem Jahr wirst du den Damien Hirst bestimmt nicht sehen! Und ich nicht den Hopper und wir beide nicht die ›Russische Landschaftsmalerei zur Zeit Tolstois‹ in der National Gallery.«

»Wir dürfen jetzt nicht in Panik geraten, Nenna! Damit ist keinem geholfen!«

»Sniffler schon!«

Bei den letzten Sätzen sind wir so laut geworden, dass Sniffler bestimmt jedes Wort verstanden hat. Er gähnt, verlässt den Schatten unter der Steinbank und lässt sich zwischen uns nieder. Er macht den Eindruck eines Dackels, der sehr mit sich zufrieden ist.

Kein Bild der Seven Sisters in diesem Jahr

EINE KÜNSTLERANEKDOTE

Nenna hängt die Wäsche auf, ich zeichne sie und erzähle ihr dabei die Geschichte von Misu, Roberts Katze.

Misu war eifersüchtig auf Roberts Reiseschreibmaschine, die GABRIELE hieß, wenn ich mich recht erinnere. Sie wollte nicht, dass Robert stundenlang auf GABRIELE seine Texte hämmerte, statt sich ihr zu widmen. Ihre Strategie war schlicht, aber wirksam. Sie benützte GABRIELE als Katzenklo.

Nach einer Weile waren die Typenhebel von dem ätzenden Katzenurin so verklebt, dass sie sich beim Tippen verschränkten und nicht mehr zu bewegen waren.

Nun sah es eine Zeitlang so aus, als ob Roberts Schriftstellerkarriere damit beendet sei und er wieder an die Staffelei zurückkehren müsse.

Ich hätte das sehr begrüßt, denn ich mag seine Bilder, aber Robert hatte sich schon anders entschieden. Er kaufte eine Unmenge von Schreibheften der Marke BRUNNEN und schrieb fortan alles mit der Hand per BIC-Kugelschreiber, und Misu hatte das Nachsehen.

Aber wer weiß, vielleicht wollte die schlaue Misu gerade das erreichen?

Diese BRUNNENHEFTE wurden nämlich so berühmt, dass sie sogar in unserem Literaturhaus ausgestellt waren, nachdem sie vorher das Marbacher Literaturarchiv für eine Unsumme Geldes angekauft hatte. Völlig zu Recht, wie ich finde, seit ich mir dort die vor- oder nachgelassenen Manuskripte seiner Kollegen angesehen habe. Manuskripte?

Dass ich nicht lache! Alles im Zweifingersystem getippt, bestenfalls von eigener Hand mit TIPPEX korrigiert.
Er dagegen: Kostbare Autographen in rauen Mengen! Und noch dazu massenhaft mit kleinen Kugelschreiberskizzen veredelt. Dank Misu!

Nach diesem von Nenna mit Beifall aufgenommenen Ausflug in die jüngere deutsche Literaturgeschichte wenden wir uns wieder der aktuellen Lage zu. Was in unserem Fall meint: der Ernährungslage. Die hat sich nämlich dramatisch verschlechtert.

Mr. Singh wirkte kein bisschen blutrünstig

MR. SINGH

Wir sind jetzt vier Tage in Elfbrook und haben alle Essvorräte aufgebraucht. Der Kühlschrank ist leer. Wenn wir es heute nicht nach Elfhurst schaffen, gibt's zum Abendessen eine Dose Ölsardinen und eine Rolle Haferkekse. Es sei denn, wir greifen uns eine Dose von Snifflers Lieblingsgericht: Känguruhfleisch in leckerer Avocadosauce. Davon steht ein ganzer Stapel in der Anrichte.

In Elfhurst, dem nächstgelegenen Ort, gibt es einen Krämerladen, der sich stolz »Singh's Supermarket« nennt, in Wahrheit aber nur etwas mehr als wohnzimmergroß ist, wovon noch ein Teil mit einem verglasten Kabuff belegt ist, welcher als Filiale der ROYAL MAIL fungiert, mit Herrn Singh als Teilzeitpostmeister.

Er und seine Frau, die diesen bescheidenen Laden betreiben, sind Sikhs, wie man mühelos an dem prächtigen Schnauzbart von Herrn Singh und seinem kunstvoll gebundenen Turban erkennt.

Die Sikhs, kläre ich Nenna auf, sind eine todesmutige indische Kriegerkaste, gefürchtet von allen Feinden, besonders wegen ihrer Geschicklichkeit im Umgang mit Dolch und Krummsäbel.

Schon im Ersten Weltkrieg, in dem sie Seite an Seite mit ihren britischen Kolonialherren fochten, waren sie der Schrecken des kaiserlichen deutschen Heeres. Sie kämen lautlos in der Nacht, hat man uns Kindern erzählt, und würden nie Gefangene machen.

In einem meiner Jugendbücher war so ein Sikh-Kämpfer

len the Ha

Mary Stuart slept here
Feb. 8th 1587
SINGH'S SUPER MARKET
SINGH's SU

abgebildet, mit wildem Blick unter buschigen Augenbrauen und einem Krummsäbel zwischen den Zähnen.
Diesem Bild, das ich seit meiner Schulzeit in mir herumtrug, entsprach Herr Singh in keiner Weise.
Er war als Sikh eine glatte Fehlbesetzung.
Lag es an dem jahrzehntelangen Aufenthalt unter höflichen Nachbarn im friedlichen Sussex, dass seine kriegerischen Instinkte derart verkümmert waren?
Sein Blick war mild und meist zu Boden gerichtet, seine Stimme ein Murmeln, und einen Dolch trug er auch nicht, weder im Gürtel noch zwischen den Zähnen. So schlurfte er, eine schmächtige Gestalt, an den Regalen entlang und brachte das Gewünschte. Er wirkte kein bisschen blutrünstig, und er hatte schreckliche Angst vor Hunden, vor allem aber vor Sniffler.
Anscheinend hatte der Taxifahrer in Elfhurst die Geschichte mit dem herausgerissenen Ärmel herumerzählt und dabei gehörig übertrieben.
Sein Bericht wurde bei jeder Weitergabe immer mehr aufgeladen, und als er Herrn und Frau Singh erreichte, stand denen das Bild einer blutrünstigen Bestie vor Augen, gegen die der »Hund der Baskervilles« ein Schoßhündchen war.
Das alles erfuhr ich erst vier Wochen später, als ich Mr. Singhs »Supermarket« besuchte, um vor der Abreise noch schnell ein Dutzend Postkarten zu verschicken. Ein Verhalten übrigens, das ich mir leider nicht abgewöhnen kann, obwohl es immer wieder zu Peinlichkeiten führt, wenn die Feriengrüße später eintreffen als ich selbst.
Von alledem hatte ich noch keine Ahnung, als ich Mr. Singh von Elfbrook aus anrief.

Meine Hoffnung war, ich könne ihn telefonisch um etwas bitten, was er für Emily schon des Öfteren zuverlässig erledigt hatte, nämlich uns mit den so dringend benötigten Viktualien zu beliefern, wofür ihm ein knatternder dreirädriger Vespa-Lieferwagen zur Verfügung stand.
Herr Singh bedauerte unendlich.
Seine Vespa stünde mit gebrochener Achse in der Werkstatt, wahrscheinlich für viele Wochen, vielleicht sogar für immer, da es für sie keine Ersatzteile mehr gebe. Seine Ladenhilfe sei nach Schottland geflogen zum Begräbnis ihrer Mutter, und seine liebe Frau liege schwerkrank im Bett. Auch er selbst fühle sich gar nicht wohl.
Mr. Singh empfahl mehrere Ladenbesitzer im Umkreis von zehn Meilen.
Um es kurz zu machen, sie haben alle mit doppelten und dreifachen Begründungen abgelehnt, was ja immer ein Zeichen dafür ist, dass wahrscheinlich keine davon stimmt.
Es war wie eine Seuche. Offensichtlich hatten sich alle untereinander verständigt und Elfbrook House mit Quarantäne belegt.
»Jetzt können wir nur noch Wäschestücke auf der Wiese auslegen, mit denen wir HELP buchstabieren. Schiffbrüchige, die auf abgelegenen Inseln gestrandet sind, tun das manchmal. Es drehen ja genug Flieger ihre Warteschleifen übers Haus, bevor sie in Gatwick landen.«
Dieses Gespräch findet unter der prächtigen Zeder statt, an der unsere Gartenschaukel hängt. Sniffler treibt sich wie häufig in letzter Zeit in unserer Nähe herum. Mag er uns oder will er uns kontrollieren?
Dann passiert etwas Seltsames. Nenna hat sich auf die

Schaukel gesetzt und sachte vom Boden abgestoßen. Ihr weißes Kleid bläht sich im Wind. Sniffler springt plötzlich auf, ein kurzes Jaulen, er rennt auf die japanische Brücke, stürzt sich in den Bach, springt wieder heraus, wälzt sich im Uferschlamm, rast über die Wiese und steht dann völlig verdreckt mit hängender Zunge vor uns. Erst jetzt fällt uns wieder ein, dass Emily beim Frühstück vor ihrer Abreise von Snifflers »folly« erzählt hat.

»Er tut das nur, weil er weiß, dass wir ihn, verdreckt wie er ist, unter die warme Dusche stellen und anschließend trocken rubbeln. Das liebt er.«

Was für eine komplexe Gedankenkette. Das Schaukeln, der Kopfsprung ins Wasser, das Wälzen im Schlamm und als logischer Abschluss die Belohnung: Duschen und Frottieren.

»Ich glaube«, sagt Nenna, während sie ihn hingebungsvoll trocken reibt, »wir können viel von Sniffler lernen.«

»Zum Beispiel?«

»Zum Beispiel wie man durch eine scharfe Realitätsprüfung, zielführende Taktik und zügige Durchführung seinen Willen durchsetzt, ohne viel herumzujaulen.«
Das klingt nach einer Anspielung, aber ich bin viel zu hungrig, um mir Sorgen zu machen. Ich hätte es besser tun sollen.
»Wir müssen unsere Taktik ändern«, sagt Nenna. »Wenn es dir schon nicht gelingt, Sniffler vom Beifahrersitz zu vertreiben, fahrt doch einfach zusammen nach Elfhurst. Dagegen hat er bestimmt nichts einzuwenden.«
»Da kannst du sicher sein«, sage ich, »aber sobald ich vor Herrn Singhs ›Supermarket‹ die Autotür öffne, springt er vom Sitz und wir sehen ihn nie wieder. Wahrscheinlich macht er sich auf den Weg nach Lesbos zu Sam und Emily.«
»Du könntest ihn ja angurten. Ich meine, den Hund.«
»Das ist völlig ausgeschlossen. Die Engländer sind derart tierlieb, das geht weit über unsre Begriffe hinaus. Bekanntlich schlafen sie ja sogar mit ihnen in einem Bett. Wenn es sich im Ort herumspricht, dass die beiden Deutschen, die jetzt in Elfbrook House wohnen, Hunde an Autositze fesseln, sind wir unten durch. Auch bei Sam und Emily, wenn sie es erfahren, und das werden sie.«
Sniffler folgt dem Gespräch mit schläfrigem Interesse. Sobald sein Name fällt, wedelt er ein-, zweimal mit der Rute. »Das seht ihr ganz richtig«, soll das heißen.
»Wenn es etwas gibt, was der Engländer noch mehr liebt als seine Tiere«, fahre ich ermutigt fort, »dann sind das Geschichten über Tiere. Fast jeden Tag steht eine im ›Mirror‹ und in der ›Sun‹, ja sogar in den Leserbriefen an die ›Times‹.«

Besonders beliebt sind solche von Hunden, die ihren Besitzern, die sie verlassen haben, über Hunderte von Meilen gefolgt sind, um sich wieder mit ihnen zu vereinigen.«
Bei diesen Worten hat Sniffler eine seiner Lieblingsschlafhaltungen eingenommen, die er nach unseren Erfahrungen in der nächsten Stunde beibehalten wird. Er liegt entspannt auf dem Rücken, fast wie ein Mensch. Die Vorderläufe sind über der Brust gefaltet, die Hinterläufe leicht angezogen und gespreizt.
Ich nehme den Block zur Hand, und während ich ihn zeichne, erzähle ich Nenna die unglaubliche Geschichte von Albert, dem Airdale-Terrier aus Brighton, der es kürzlich bis in das Hauptprogramm von BBC 2 geschafft hat.

DIE TREUE EINES TERRIERS

Albert, ein sechsjähriger braungelockter Rüde, ist aus einem Tierheim in Ditchling ausgebrochen, wo ihn seine Halter für die Dauer ihres Campingurlaubs abgeliefert hatten.
Sobald er das Gitter untergraben hat, nimmt er die Witterung seiner Familie auf und folgt ihr die Küste entlang über Eastbourne, Bexhill, Hastings und Folkestone nach Dover, wo er Anfang Juni eintrifft.
Dort, im Fährhafen, mischt er sich in die Schlange der Wartenden und tut so, als gehöre er dazu.
An ausreisenden Hunden sind die Zollbeamten nicht interessiert, so dass Albert unbehelligt an Bord gelangt. Mehrere Passagiere erinnern sich später an einen großen braunen Airdale-Terrier, der während der ganzen Überfahrt wie eine Gallionsfigur, mit der Nase im Wind, aufgerichtet am Bug der Kanalfähre stand. Er schien die Seefahrt zu genießen.
In Calais verlässt Albert die Fähre, indem er sich einer kinderreichen Familie anschließt. Er durchquert Belgien entlang der Autobahnen A16 und A15 zu Fuß. In der Raststätte Rubaix beobachtet ein norwegischer Tourist, wie Albert von zwei Kindern mit Fleischbällchen und Chips gefüttert wird. Bei Aachen überquert er die unbewachte Grenze und trifft eine Woche nach seinem Ausbruch am Kölner Hauptbahnhof ein. Dort gelingt es ihm, wiederum im Pulk, den völlig überfüllten ICE Amsterdam–Rom zu entern. Während der Tag- und Nachtreise bei großer Hitze

und ausgefallener Klimaanlage, da in allen Gängen des überbuchten Fernreisezuges junge Rucksackpassagiere am Boden sitzen und liegen, benimmt Albert sich so zutraulich und kinderlieb, dass die schwitzenden und völlig lethargischen Eltern ihren quengelnden Kindern nachgeben und Albert bis Trient durchfüttern. Dort verlässt er den Zug unbemerkt und legt den Rest der Strecke bis Malcesine wiederum zu Fuß zurück.
Abgemagert, mit räudigem Fell und wunden Pfoten erreicht das treue Tier den Campingplatz am Gardasee im gleichen Moment, als Mr. und Mrs. Sadler, seine ahnungslosen Besitzer, nach einem völlig misslungenen, verregneten Urlaub frustriert und zerstritten, am anderen Ende des Platzes, mit dem noch triefend nassen Zelt auf dem Dach, durchs Tor hinaus in Richtung Heimat fahren.
Für Albert gestaltet sich der Rückweg weitaus schwieriger als die Hinreise.
Nach einem Warnstreik, gefolgt von tagelangen, am Ende ergebnislosen Verhandlungen, kommt es zum Generalstreik aller italienischen Eisenbahner.
Albert hat das Ergebnis der Tarifverhandlungen gar nicht erst abgewartet und sich bereits zu Fuß auf den Weg in Richtung Brenner-Autobahn begeben.
Eine kluge Entscheidung, da kurz darauf das Kabinenpersonal der »Alitalia«, die Straßenbahn- und Busfahrer, die Müllentsorger und die Fährenkapitäne sich dem Streik anschließen. Als sich schließlich auch die Kassierer an den Mautstationen mit den Forderungen ihrer Kollegen solidarisieren und die Städte Italiens im Chaos versinken, hat Albert bereits die Raststätte S. Michele-Mezzocorona er-

reicht, wird aber von den Streikposten verjagt. Der Verkehr auf der Nordautobahn staut sich inzwischen auf einer Länge von 120 Kilometern.
Albert hat keine Wahl. Er muss die Alpen zu Fuß überqueren.
Nun kommt es auch noch zu einem Wettersturz. Nach dem verregneten Sommer fällt das Thermometer über Nacht um zwanzig Grad. Ein ungewöhnlich früher Herbst kündigt sich jetzt, Mitte Juli, mit Sturmböen und Hagel an. Die Alpenpässe Albula, Arlberg, Achenpass, San Bernardino, Fernpass, Julier, Flüela, Maloja, Gotthard, Bernina, Luk-

manier und der Reschenpass sind nur noch mit Schneeketten zu befahren.
In einem Gehöft hinter Bozen, wo Albert sich unterstellen will, wird er von dem Wachhund, einem Mastino namens »Nero«, gestellt. Es kommt zu einer Rauferei, in der Albert einen Teil seines rechten Ohres, sein Gegner ein Auge einbüßt.
Ein neuerlicher Versuch, an der Auffahrt Brixen-Varna eine Mitfahrgelegenheit zu ergattern, scheitert. Die Autofahrer, übelgelaunt und demoralisiert wegen des unitalienischen Wetters, mit dem keiner rechnen konnte, und nach einer kalten, schlaflosen Nacht im Stau, sind mit ihrer Nervenkraft am Ende und wollen nur noch eins: ohne anzuhalten nach Hause. Einen nassen, fremden Hund auf dem Rücksitz möchten sie sich nicht einmal vorstellen, da können ihre Kinder noch so betteln.
Enttäuscht wechselt Albert auf die alte Passstraße, der Regen ist nun in einen Eisregen, dieser in einen Schneeregen übergegangen. Albert überschreitet die Brennergrenze ohne Probleme, gerät aber in den Tuxer Alpen in einen Lawinenabgang. Er wird verschüttet, zusammen mit einer geführten Gruppe von österreichischen Skiwanderern. Albert reagiert instinktiv. Mit seinen kräftigen Vorder- und Hinterläufen scharrt er sich eine Luftblase unter der Schneedecke.
Dabei stößt er auf das Ehepaar Josef und Vera Hawelka aus Igls und teilt mit ihnen seine Höhle. Nach vier Tagen werden die Verschütteten von der Tiroler Bergwacht unversehrt geborgen. Sie sind die einzigen Überlebenden.
Die Hawelkas, beide schon älter, nehmen Albert in ihr

schmuckes Tirolerhaus mit, wo der sich nun mehrere Wochen von den vergangenen Strapazen erholt.
Er widersteht der Versuchung, das Haus des reizenden Rentnerpaares zu seinem Heim zu machen. Sein Pflichtbewusstsein und die Treue zu den Sadlers, die sich sicher schon Sorgen um ihn machen, geben den Ausschlag. Ohne Abschied und mit einem Satz über den geranienbewachsenen Balkon wählt er die Freiheit.
In Innsbruck bespringt Albert eine reinrassige, läufige Bassethündin. Er lässt von seinem Vorhaben auch nicht ab, als deren elegante Besitzerin wie von Sinnen schreiend mit einem Stockschirm auf ihn einprügelt, setzt aber unmittelbar danach seinen Weg fort.
Nun wendet sich das Blatt.
Der Sommer, der Italien in diesem Jahr gemieden hat, kehrt mit aller Macht nach Mitteleuropa zurück. Eine milde Septembersonne entschädigt die käsebleich aus dem Süden heimkehrenden Urlauber, die Schwimmbäder und Badeseen füllen sich wieder.
An einem Baggersee bei Rosenheim schließt Albert sich einem niederländischen Hippiepaar an, das seine magere Verpflegung und das enge Einpersonenzelt mit ihm teilt. Gemeinsam setzen Theo, Greetje und Albert die Reise fort und gelangen bis nach Lüttich, benötigen aber für die etwa 800 Kilometer mehr als zwei Monate, da die meisten Autofahrer, die für das sympathische junge Hippiepaar bereitwillig anhalten, sofort wieder Gas geben, wenn der inzwischen ziemlich verwahrloste und verdreckte Albert aus dem Gebüsch auftaucht.
Kurz hinter Lüttich (Liège) heißt es Abschied nehmen, was

besonders Greetje schwerfällt, aber sie und Theo werden in ihrer Amsterdamer Kommune samt dem mitgeführten »Stoff« sehnlich erwartet.

Über die nächsten drei Wochen breitet sich ein geheimnisvoller Schleier. Albert ist wie vom Boden verschwunden, bis an einem nebligen Novembertag ein alleinreisender schottischer Anzeigenvertreter, Mr. Bruce McCall aus Aberdeen, einen dreibeinigen Hund sichtet, der bei Charleroi entlang der Autobahn humpelt. Es ist Albert.

Vor mehr als drei Monaten, bei dem Stau auf der Brennerautobahn, als die entnervten Autofahrer durch ruckweises Anfahren und wieder Stoppen Hunderte von marginalen Blech- und Glasschäden verursachten, hatte Albert sich auf der von Scherben übersäten Fahrbahn die Splitter eines Jaguar-Rücklichts in den rechten Vorderlauf getreten.

Die Wunde war nie richtig verheilt und ist jetzt wieder aufgebrochen. Um unnötige Schmerzen zu vermeiden, ist Albert gezwungen, die restliche Strecke von Charleroi bis Brighton mit angezogener Pfote mehr hüpfend als laufend in Angriff zu nehmen.

Ohne dieses Hintergrundwissen greift die Nachrichtenagentur »Reuters« die Falschmeldung eines »schwarzen, dreibeinigen Geisterhundes« auf und verbreitet sie weltweit.

Die Farbangabe ist übrigens korrekt. Während seiner monatelangen Odyssee entlang der europäischen Fernstraßen war der tapfere Terrier ständig einer hohen Konzentration von Feinstaub aus Abrieb und Dieselabgasen ausgesetzt, die sein ehemals kaffeebraunes Fell tiefschwarz gefärbt hat.

So unterschiedliche Blätter wie ›Le Figaro‹, ›Aftenposten‹,

›Die Bäckerblume‹, der ›Guardian‹, ›Das Goldene Blatt‹, die ›Prawda‹, ›Die Salzburger Nachrichten‹ und der ›Osservatore Romano‹ drucken die Meldung nach. Auf einer Programmkonferenz des ZDF meldet ein bekannter Serienautor sein Interesse an einer mehrteiligen Dokufiktion an. Albert ist auf dem besten Wege, ein Medienstar zu werden.
Daran ist aber dem treuen Albert nicht gelegen. Ahnt er instinktiv, was diese Rolle für ihn bedeuten würde? Termine ohne Ende, aufdringliche Interviewer und lästige Fans? Er geht dem aus dem Wege und bewegt sich nur noch bei Dunkelheit. Die einzige Ausbeute der Paparazzi: ein Nachtfoto, auf dem man nichts als ein leuchtendes Augenpaar erkennt, das die Blitzlichter reflektiert. Wegen der dürftigen Nachrichtenlage verschwindet Albert binnen weniger Tage von den Titelseiten.
Auf dem riesigen Parkplatz des Gemüsemarktes von Tournai läuft er auf Josip zu, einen übergewichtigen einsamen Trucker aus Odessa. Der nimmt sich des verhungerten, hinkenden Tieres an, das am Ende seiner Kräfte scheint, und teilt sein Abendessen, eine Tiefkühlpizza und einige Flaschen Bier, mit ihm.
Der gutmütige Ukrainer ist allein unterwegs. Sein Beifahrer hat ihn an der Raststätte Limburg-Süd verlassen. Er wurde in Odessa wegen seiner abweichenden sexuellen Ausrichtung verfolgt und will in Schweden um Asyl bitten. Albert darf nun die verwaiste Koje über dem Fahrerhaus beziehen. Vorher hat Josip seine Wunde mit einem guten Schuss Selbstgebranntem desinfiziert und mit einer Windel verbunden. Albert erholt sich von Tag zu Tag.
Am Fährhafen von Calais erbricht Josip das Siegel des Con-

Fe

tainers, in dem er außer einer Million Windeln zehn somalische Migranten befördert. Nun kommt Albert dazu. Es ist die einzige Chance für ihn, die strengen britischen Anti-Tollwutgesetze zu umgehen.
Die Fahrt über den Ärmelkanal bei ruhiger See verläuft ohne Zwischenfälle.
In Dover hört ein vorbeigehender Polizist merkwürdige Geräusche aus dem ukrainischen Fernlaster. Als der Container geöffnet wird, findet der Constable Jonathan Nobb einen um Atem ringenden, von heftigen Niesanfällen geschüttelten Somalier vor, der unter einer Allergie gegen Hundehaare leidet. Er wird in das Hafenlazarett eingeliefert, Josip und die anderen Flüchtlinge werden in Haft genommen, Albert gelingt als Einzigem die Flucht.
Der kommt auf heimischem Boden und inzwischen wieder auf vier Beinen so gut voran, dass er bereits am Weihnachtsabend in Brighton eintrifft.
Alle Häuser rund um den Powis Square sind festlich beleuchtet. Durch das gebogene Erkerfenster sieht Arthur seine Familie, die sich auf das Fest der Nächstenliebe vorbereitet.
Mr. Sadler schmückt den Baum, im Hintergrund läuft die Aufzeichnung eines Pokalspiels zwischen ›West Bromwich Albion‹ und ›Manchester United‹. Mrs. Sadler garniert in der Küche im Souterrain den Truthahn.
Aber was ist das?
In Alberts Korb, auf seinem Lieblingskissen, liegt selbstzufrieden ein brauner Airdale-Terrier. Er ist ihm, Albert, zum Verwechseln ähnlich. Nicht einmal das Namensschild aus weißem Porzellan haben die Sadlers geändert.

Besonders das Letztere muss Albert wie ein Keulenschlag getroffen haben.
Er erkennt, dass er hier nicht mehr gebraucht wird, und macht sich mit einem letzten Blick zurück auf den Weg

über die Downs in das Tierheim von Ditchling, wo er am nächsten Morgen eintrifft.
Mrs. Bairns, die greise Leiterin, die schon alles erlebt hat, was man mit Hunden erleben kann, empfängt Albert mit einem freundlich gleichgültigen »Well, here we are again« und weist ihm seinen alten Verschlag zu.
Der Journalist Jeremy Watts, der ein Feature über Tierheime im Vereinigten Königreich vorbereitet, trifft Monate später dort auf Albert. Er beschreibt ihn als einen ruhigen, in sich gekehrten Hund, der auf keinerlei Avancen reagiert und den Eindruck vermittelt, alle Illusionen hinter sich gelassen zu haben.
»Es mag seltsam klingen«, sagte Watts später, »aber dieser Albert hatte eine Aura um sich, wie man sie nur aus alten Abbildungen von Märtyrern und Heiligen kennt.«
Nachdem ich meinen Bericht beendet habe, sitzt Nenna wie betäubt da. Dann sagt sie entschlossen: »Wir müssen Herrn Singh vergessen. Es muss eine andere Lösung für unser Verpflegungsproblem geben!«

EINE NATION VON SEEFAHRERN

Wir sind nicht mehr im Master Bedroom gewesen, seit Sniffler dort die Situation geklärt hat. Sniffler übrigens auch nicht. Nachdem er den Machtkampf gewonnen hat, schläft er jetzt in Sams Werkstatt auf einem durchgesessenen alten Sofa auf einem farbenfrohen indischen Wandteppich.

Bei der Suche nach meinem Zeichenblock finde ich auf der Schlafzimmerkommode einen Zettel, den ich in der Aufregung nach der ersten Nacht nicht beachtet hatte.

»Liebe Freunde«, steht da, »im Souterrain unter Sams Werkstatt findet Ihr den Vorratsraum. Der Schlüssel liegt in der blauen Vase. Bedient Euch an allem, als wäre es Eures. Bon Appétit!!«

Der Anblick ist überwältigend.

Regale vom Boden bis zur Decke, gefüllt mit Konserven, Einmachgläsern, Blechcontainern, Käseglocken, Flaschen und Kartons mit den verheißungsvollsten Etiketten, am Boden Fässer, Säcke, Kisten und Korbflaschen. Von der Decke hängen glänzend schwarze Räucherwürste und ein prächtiger Parmaschinken.

Und alles ohne Verfallsdatum, so weit das Auge reicht.

Die Auswahl ist ungewohnt, aber sinnvoll. Sie steht in der großen Tradition eines Volkes von Seefahrern wie Sir Francis Drake, James Cook, Sir Walter Raleigh und Charles Darwin. Die waren oft monatelang allein auf hoher See, und wenn sie beim Überqueren des Äquators auf eine windstille Zone stießen, den gefürchteten Kalmengürtel, dümpelten sie für weitere Monate dahin, während von den Rahen die schlaffen Segel hingen. Wer da nicht vorgesorgt hatte, endete als bleiches Totengerippe auf einem Geisterschiff, das irgendwann treibend im weiten Ozean gefunden wurde und fortan in schaurigen Legenden und einer Wagner-Oper Einlass fand.

Wenn die Weltumsegler aber Glück hatten und endlich doch auf einer einsamen Südseeinsel anlandeten, konnten sie sich nie darauf verlassen, dort so etwas wie einen gut sortierten Kolonialwarenladen vorzufinden.

Ganz im Gegenteil! Sie mussten bereit sein, sich notfalls durch eine schnelle Flucht der Gefahr zu entziehen, selbst verspeist zu werden.

Solche historischen Erfahrungen hatten sich wohl im kollektiven Gedächtnis der Nation eingeschrieben mit dem erfreulichen Ergebnis, dass nun unser Urlaub mit einem Schlag gerettet ist.

Vor uns steht ein Fass mit Sauerkraut, für die Seefahrer von damals der einzige Schutz vor dem tödlichen Skorbut. Dahinter Säcke mit Reis, Zucker und Mehl sowie eine eisenbeschlagene Schiffskiste mit Corned Beef, Schiffszwieback, Milchpulver, Kaffee und Tee in Caddies. Frischobst in Körben und Gemüse im Sandbeet. Unter Käseglocken reifen prächtige Stücke von Cheddar und Blue Stilton. Auf den Regalen Konserven mit Ölsardinen, Haddock, Mackerel und Salmon und eine Dover Sole in Aspik. Und ein Kidney Pie und ein sehr haltbarer Christmas Pudding. Auf dem Boden in tönernen Flaschen Rum und Gin für das lange Warten in windstillen Zonen.

Aber das war noch nicht alles.

In einer Nische steht ein mannshoher Tiefkühlschrank. Als

stünde ein gewaltiger Kindergeburtstag bevor, ist er angefüllt mit allen Herrlichkeiten der süßen Art, viele für uns exotisch oder völlig unbekannt. *Ginger Bread* gibt es da und *Sandwich Cakes*, *Custard Pie* und *Jelly Pie*, *Tennis Cake* und *Queen Tart*, in den Schubladen *Muffins*, *Biscuits*, *Coffee Buns*, *Gateaus*, *Trifles*, *Tartlets* und *Scones* in allen Variationen und sündhaften Mengen.

Allein die Namen auf den Boxen, Kartons und Cellophanverpackungen machen süchtig. Wir stehen und starren.

Dann sagt Nenna langsam: »Eins muss man dir lassen, du hast wirklich eine glückliche Hand bei der Wahl deiner Freunde!«

Wir versprechen uns feierlich, eine Liste mit allen Entnahmen zu führen, und kehren in den Garten zurück.

Sniffler erwartet uns unter der großen Zeder. Nenna setzt sich fügsam auf das Schaukelbrett, greift in die Seile und stößt sich mit den Füßen ab. Sniffler springt in das Bächlein, wälzt sich im Uferschlamm und jagt über die Wiese, von wo ich ihm auf die Terrasse folge und ihn dort dusche und frottiere.

Wenn es stimmt, dass Rituale wichtig sind für den Zusammenhalt einer Gemeinschaft, dann sind wir auf dem richtigen Wege.

TOO MUCH OF A GOOD THING

Im hinteren Teil des Parks steht eine große runde Antennenschüssel, die 512 Sender empfängt. Ganz ungewohnt für uns, die wir mit unserer alten Hausantenne gerade mal ein Dutzend Programme sehen können.

Der Sport überwiegt.

England, das wird uns in Erinnerung gerufen, ist die Mutter allen Sports, soweit er auf einer Wiese ausgeübt werden kann. Fußball, Cricket, Crocket, Golf, Bowling, Tennis, Rugby, Baseball, Basketball, Badminton, Polo. Alles, was ohne Schnee und Eis geht, ist hier erfunden worden und wird gespielt und gesendet rund um die Uhr.

Für Cricket scheint es einen eigenen Kanal zu geben mit Turnieren in Indien, Pakistan, Australien und Südafrika.

Und nicht nur aktuelle Spiele werden gezeigt, auch historische in Schwarzweiß. Tennisspieler in langen weißen Hosen: Gottfried von Cramm gegen Fred Perry im Wimbledon-Finale 1935.

Ziemlich abartig: Ein evangelikaler Gottesdienst mit einem Prediger, der pausenlos hin und her geht und auf uns eindröhnt, zu bekennen und zu bereuen.

Nichtswürdig seien wir wie das Sandkorn in der Wüste, dazu böse von Anbeginn, besudelt mit der Erbsünde, besessen von allerlei teuflischen Begierden, geil, gierig, eitel, träge und lasterhaft bis ins Mark. Der ewigen Verdammnis seien wir verfallen, Heulen und Zähneklappern harren unser, Höllenfeuer, Pech und Schwefel auf immer und ewig.

Dann hält das graue Männlein inne, holt Luft, wischt sich den Schweiß vom Gesicht und hält eine Bibel hoch wie einst die Jünger Maos ihr rotes Büchlein. Die Bibel ist schön verziert, mit Prägedruck und Goldschnitt.
Hier sei das Heil, die Vergebung all unserer Sünden und das ewige Leben in der Gemeinschaft der Heiligen. Ein Anruf genügt!
Schnell weiter.
Im nächsten Kanal tritt eine Bilderbuchzigeunerin auf mit buntem Kopftuch und großen Ohrringen, die uns die Zukunft vorhersagt. Man kann sie anrufen, wenn man Ort, Tag und Uhrzeit seiner Geburt kennt.
Hat wahrscheinlich eine riesige Warteschleife, die Dame.
Snifflers Lieblingssendung ist das Babyfernsehen. Vier ostereierfarbene Säuglinge in Strampelanzügen mit Antennen auf den Köpfen tollen durch eine spinatgrüne Kunstrasenlandschaft mit eingesteckten Plastikblumen, stoßen unartikulierte Laute aus und kichern pausenlos.
Sie heißen Tinky Winky, Laa-Laa, Po und Dipsy und sind außerordentlich gut drauf.
Ich wette, dass diese Sendung vorwiegend von Erwachsenen gesehen wird, die sich von dem täglichen Horror und Terror auf allen Kanälen erholen wollen. Wir sind jedenfalls an diesem Abend von den Teletubbies so angesteckt, dass wir wie Dipsy und Laa-Laa durch die Räume torkeln, A-O! und Ha Ho! rufen, die Arme in die Luft werfen, uns anrempeln und kichern wie nicht ganz gescheit.
Auch Sniffler kriegt sich gar nicht mehr ein und hüpft und tanzt mit uns durchs Haus.
Werden wir eines Tages alle so sein wie diese Teletubbies?

Sollte sich diese Bewegung einst durchsetzen, werden vermutlich die Japaner die Vorreiter sein. Dort, so war kürzlich zu lesen, treffen sich gestandene Wirtschaftsbosse nach einem harten Tag im Büro in bestimmten Lokalen, trinken Sake, kriechen auf dem Boden herum und lallen in der Babysprache.
Dieses Sozialverhalten wird allgemein akzeptiert, da es einem ausgeglichenen Betriebsklima förderlich sei.
Übrigens sehe ich keinen Grund, diese angeblich sehr populäre Serie nur als einen weiteren Versuch zu sehen, das Projekt der systematischen Verkindlichung der Gesellschaft voranzutreiben, um sie zu willenlosen Konsumenten zu for-

Eigentlich ist dieses Bild der permanent glückseligen Babys gar nicht so weit entfernt von den Paradiesvorstellungen meiner Kirche

men. Denn eigentlich ist dieses Bild der permanent glückseligen Babys in ihren Strampelhosen ja gar nicht so weit entfernt von den Paradiesvorstellungen meiner Kirche.
Ich meine dieses Bild von den Seligen, die in Nachthemden auf fluffigen Wolken sitzen und auf Harfen spielen, obwohl sie das nie gelernt haben, und dazu jauchzen und frohlocken.
Die Teletubbies haben wenigstens Tretroller und Windräder.
Ich nehme mir vor, diesen Zustand in einigen Cartoons zu thematisieren.

FREIGÄNGER

Elfbrook grenzt an einen 18-Loch-Golfplatz. Von einer wirklichen Grenze kann allerdings keine Rede sein. Sams Park ist nur zu einem Teil eingezäunt, zum andern von hohen Hecken und einer Mauer zur Straße hin umgeben.
Auf der Ostseite, wo der Park zuerst in den Golfplatz und von da in die Heide übergeht, gibt es einen Graben, der hier »Haha« genannt wird. Jeder gebildete Englandreisende weiß und teilt es einem sofort mit, dass der berühmte Gartenarchitekt Lancelot »Capability« Brown sich diese Gräben ausgedacht hat, als Ersatz für die bis dahin üblichen Mauern. Von nun an hatten die Landadeligen einerseits den freien Blick in die Landschaft und andererseits die schöne Gewissheit, unerwünschte Elemente fernzuhalten.
Weil nun aber immer wieder Menschen in diese nicht leicht zu erkennenden Gräben plumpsten (sie tun es bis heute), während seine Lordschaft samt Anhang dabeistand und alle sich vor Lachen die Bäuche hielten, nennt man diese Gräben »Haha«.
Haha. Kann es sein, dass der weltberühmte englische Humor gelegentlich überschätzt wird?
Wir haben den in hundert Jahren zugewilderten Graben, ohne eine Miene zu verziehen, überwunden und sind jetzt auf Snifflers Terrain, den Ausläufern des Golfplatzes. Fußgänger sind hier nicht gern gesehen und Hunde schon gar nicht, weil beide die Konzentration der Spieler stören.
Aber der Platz ist ein öffentlicher und der Gehweg ebenso, also haben wir das Recht, die Golfbahn zu überqueren, und

zwar genau zwischen dem Abschlag und dem ersten Grün in 200 Metern Entfernung. Ihren ganzen Unwillen über uns Fußgänger legen die Golfer in den gebrüllten Warnruf »FORE«, unmittelbar gefolgt von einem Ball, der über unsere eingezogenen Köpfe in Richtung des 1. Lochs zischt. Jetzt kommt Snifflers großer Auftritt.

Während die Kugel noch in der Luft ist und die Spieler sich mit ihren Trolleys auf den Weg machen, ist Sniffler mit hocherhobenem Schwanz und wehender Mähne dem Ball nachgerast und erreicht ihn kurz vor der Landung und lange vor den Spielern, alles schon ältere Herrschaften.

Was dann passiert, können wir von hier aus nicht erkennen, aber Emily hat es uns ziemlich genau beschrieben. Sniffler schnappt sich den Ball, wo immer er gelandet ist, und legt ihn an anderer Stelle wieder ab, mit Vorliebe in hohem Gras oder im Gebüsch. Manchmal, wenn der Ball in einer Sandkuhle gelandet ist, verbuddelt er ihn auch gleich an Ort und Stelle und wischt dann mit dem Schwanz drüber.

Bevor die Golfer die lange Strecke zurückgelegt haben, ist Sniffler bereits über alle Berge und bekommt gar nicht mehr mit, dass sein regelwidriges Eingreifen im günstigsten Fall mit Punktabzug, oft aber mit erbitterten Streitigkeiten und manchmal mit dem Abbruch des Spiels endet, bevor es richtig begonnen hat.

Wir verhalten uns indes genau so, wie von Emily empfohlen, bewahren eine große Distanz zu Sniffler und beantworten Fragen wie »Gehört diese Ratte zu Ihnen?« mit einem höflichen »No, Sir, we are tourists from the continent«, was ja Wort für Wort der Wahrheit entspricht.

Auf dem Heimweg loben wir ein ums andere Mal die Vorratshaltung unserer großzügigen Gastgeber.
Die Vorstellung, wir hätten, vom Hunger getrieben, die uns zutiefst abgeneigten Golfer bitten müssen, uns mit Nahrungsmitteln zu versorgen, macht uns im Nachhinein schaudern.

Sams Doorstop
From Emilys Room

REGENZEIT

Es ist Nacht geworden und der Himmel hat sich bezogen, ohne dass wir es bemerkt haben.
Plötzlich fährt ein Windstoß in die alten Bäume, Blätter und kleine Äste fallen zur Erde und mit dem ersten Donnerschlag geht ein Regenguss nieder.
Die irische Schlechtwetterfront, die am Morgen vorausgesagt wurde, hat uns erreicht.
Es folgen vier Tage grauer Himmel, Regen und einstellige Temperaturen. Der Rasen ist quietschnass und verbannt uns ins Haus.
Nenna übt die kleine A-Dur-Sonate von Schubert, Sniffler begleitet sie, und ich zeichne Möbel, Interieurs und allerlei Nippes. Noch vier Tage bis zur Rückkehr der Freunde.
An den Abenden sitzen wir im Gartenzimmer bei geöffneten Türen. Ein sanfter Regen rauscht, und alles riecht nach nassem Gras und Laub und Erde.
Sniffler schläft zu unseren Füßen, und ich erzähle Nenna die Geschichte eines Eingeschlossenen, dem es um einiges schlechter ging als uns.
Wenn ich's recht erinnere, handelten auffallend viele meiner Jugendbücher von Eingeschlossenen wie dem Grafen von Monte Christo, Onkel Tom, Richard Löwenherz oder Rapunzel und von Gestrandeten wie Sigismund Rüstig oder Robinson Crusoe.
Am schlimmsten aber erging es dem Freiherrn Friedrich von der Trenck.

TRENCK
Friedrich Freiherr von der Trenck

DER MANN IM EISEN

Am Anfang war das Bild eines Mannes, der mit schweren Ketten, Ringen, Kugeln und einer Eisenstange gefesselt und an die Mauer eines finsteren Verlieses geschmiedet ist.
Zu seinen Füßen ein Grabstein, darauf ein Totenkopf und sein Name: Trenck. Er sollte das Tageslicht nach dem Willen seines Königs nie mehr sehen. Unter dem Bild stand zu lesen: »Friedrich Freyherr von der Trenck. K. K. Major der Cavall. In seiner 10jährigen Gefängnis und 68pfündigen Fesseln in Magdeburg.«
Dieses Bild faszinierte mich, als ich es mit sieben Jahren zum ersten Mal auf dem Titelblatt eines Buches sah, das in Großvaters gläsernem Bücherschrank stand, und es verfolgt mich bis heute. Was hatte der Mann getan, dass er so unfassbar grausam behandelt wurde?
In der Familie meiner Großeltern gingen die Meinungen auseinander.
Mein Großvater hielt ihn für einen Hochverräter und Doppelspion, einen Schwadroneur, Aufschneider und Fälscher, und Friedrich der Große habe jedes Recht gehabt, diesen Trenck, seinen ehemaligen Adjutanten, der überdies zu seiner, des Königs Todfeindin, nämlich Maria Theresia, übergelaufen war, für immer wegzusperren.
Meine Großtante Angelika sah das ganz anders. Auch sie hatte die Memoiren des Eingekerkerten gelesen, und nun hasste sie den Preußenkönig aus tiefster Seele und aus drei Gründen.
Ihre Familie stammte aus dem Österreichischen, deshalb

konnte sie ihm nie verzeihen, dass er ihrer Kaiserin in drei blutigen Kriegen Schlesien geraubt hatte.
Zum Zweiten hasste sie den Preußen wegen seiner Grausamkeit gegen den unschuldigen Trenck, und drittens hasste sie ihn aus reiner Opposition gegen ihren Schwager, meinen Großvater, der sie beim abendlichen Romméspiel angeblich ständig betrog.
Nun erzählte mir das alte Fräulein in ihrem bescheidenen Dachstübchen die wahre Geschichte, die der Gefangene in seinem schauerlichen Verlies mit gefesselten Händen und, aus Mangel an Tinte, mit seinem eigenen Blut in winziger Schrift zwischen die Zeilen einer Bibel geschrieben und später transkribiert hat.
Friedrich Freiherr von der Trenck, von altem preußischen Militäradel, Sohn eines Generals, war einer der jungen Adjutanten und Kadetten, mit denen sich Friedrich der Große, der die Frauen nicht liebte, auf seinem Sommerschlösschen Sanssouci umgab.
Der junge Trenck aber soll die Avancen seines Herrn zurückgewiesen und stattdessen eine Liebschaft mit des Königs Schwester, Prinzessin Amalie von Preußen, angefangen haben. Friedrich, der es keinem an seinem Hofe gestattete, eine Beziehung mit einer Frau einzugehen oder gar zu heiraten, lässt den siebzehnjährigen Trenck kurzerhand in der Festung Glatz arretieren. Der entflieht auf abenteuerliche Weise einmal, zweimal, indem er unterirdische Stollen gräbt, wird immer wieder eingefangen und bricht erneut aus.
Nach dem vierten oder fünften Fluchtversuch wird Trenck auf neutralem Boden von Friedrichs Häschern entführt und

ohne Gerichtsurteil in einem modrigen Verlies in den Kasematten der Festung Magdeburg an die Mauern geschmiedet. Dieser barbarische Racheakt erregte in ganz Europa Aufsehen. Noch hundert Jahre später wunderte sich Bismarck, dass diese Folter dem Rufe Friedrichs bei den Deutschen nicht geschadet habe.

Auf mich und meine Großtante Angelika traf das allerdings nicht zu.

Ganz im Gegenteil!

Während der langen Nachmittage in Angelikas Dachstübchen hoffte ich mit heißem Herzen auf ein mich befriedigendes Ende für meinen unschuldigen Helden. Es sollte, wie beim Grafen von Monte Christo, einen gerechten Ausgang der Geschichte geben. Dazu gehörte: Rache an seinen Peinigern, den König eingeschlossen, Geld und Gold im Überfluss und die Hand der schönen Prinzessin Amalie.

Leider kam das dicke Ende erst noch nach.

Nach neun Jahren im Magdeburger Verlies kam Trenck nach einer Intervention der Kaiserin frei und irrlichterte anschließend dreißig Jahre lang durch Europa. Seine Güter bekam er nie zurück, und er verlor einen Prozess nach dem andern. In diesen Jahren entstand sein Ruf, ein Querulant, ein Abenteurer und Bankrotteur zu sein.

1789 reiste Trenck nach Paris.

Dort hatte inzwischen die Revolution begonnen, und Trenck, inzwischen ein alter Mann, hoffte, jetzt würde sich alles zu seinen Gunsten wenden. So schien es anfangs auch. Trenck wurde von den Jakobinern als überlebendes Opfer der barbarischen Fürstenwillkür gefeiert.

Aber dann geriet er, wieder einmal, in eine Intrige und endete am 25. Juli 1794 abends um sechs als angeblicher österreichischer Spion auf der Guillotine, drei Tage vor Robespierre, mit dessen Tod auch die Revolution zu Ende war. Dieses scheußliche Pech war mehr, als ich ertragen konnte. Mein kindliches Gerechtigkeitsgefühl wollte sich mit diesem Ende nicht abfinden. Als ich Nenna jetzt die Geschichte des »Großen Ausbrechers«, wie ihn Mark Twain nannte, in groben Zügen wiedergab, sah ich endlich die Chance gekommen, mein kindliches Trauma zu bewältigen. Ich erzählte ihr das Ende der Geschichte so, wie ich es mir immer gewünscht habe.

TRENCKS RACHE

Nach neun Jahren in der Kälte und Finsternis seines Verlieses, in vollkommener Einsamkeit, hat Trenck sich mit seinem Schicksal abgefunden. Aus alter Gewohnheit scharrt er noch immer den Mörtel aus den Fugen der Mauersteine, aber da man ihm jedes Stück Blech und Eisen abgenommen hat (auch der Suppenlöffel ist inzwischen aus Holz), bleiben ihm nur noch seine Fingernägel, die mit den Jahren immer mehr einem Paar Maulwurfskrallen ähneln.

Vor der Zellentür steht ein pommerscher Grenadier, der ihn bei Androhung von hundert Stockschlägen Tag und Nacht durch ein kleines vergittertes Fenster anstarren muss und kein Wort sprechen darf. Wenn der sein Wasser abschlagen geht, kratzt Trenck blitzschnell ein wenig Mörtel aus den Fugen und verteilt ihn auf dem Boden seiner Zelle. Das dauert, so ohne Werkzeug, alles viel länger. Konnte er anfangs nach Wochen des Scharrens einen Stein aus der Mauer ziehen, so sind es jetzt mehrere Monate.

Auch seine Memoiren kritzelt Trenck weiter, am Ende sind es acht dieser »Blutbibeln«.

Der König hat seine letzte Schlacht geschlagen und sitzt, vorzeitig gealtert und zahnlos, in seinem Rollstuhl auf der Terrasse von Schloss Sanssouci. Der alte Fredersdorf, sein Leibdiener, hat ihn in eine Wolldecke gewickelt, und nun blinzelt der alte Mann in die Sonne, brabbelt mit seinen Windhunden und kichert ab und zu vor sich hin, wenn ihm wieder einer einfällt, den er überlebt hat.

Da taucht aus Schwaden von Pulverdampf und Kriegsge-

schrei die Erinnerung an das ihm einst so liebe Gesicht des jungen Adjutanten auf, der ihn schmählich hintergangen hat, der Hundsfott. Zu seiner Erzfeindin, der »Großen Hure Maria Theresia«, war er übergelaufen. Und seine Lieblingsschwester hat er poussiert, diese Kanaille!
Und immer wieder war er ausgebrochen, aber am Ende hat er ihn doch erwischt und in Eisen gelegt und ins dunkelste Kabuff gestoßen! Was aus dem wohl geworden ist?
Er schwingt die Glocke, schon schlurft der alte Fredersdorf herbei, gemeinsam kramen sie in ihren eingetrockneten grauen Zellen, gemeinsam ballen sie ihre Fäustchen, als ihnen Name und Aufenthalt des Gefangenen einfallen.
Gleich am nächsten Tag lässt der König einspannen und rollt im gestreckten Trab hin in die Feste Magdeburg, und während der ganzen Fahrt freut er sich diebisch auf das Treffen mit diesem widerspenstigen Kujon, der seine Schwester petschiert und ihn, den König, sekkiert und geniert hat und nun dafür im Knast sitzt.
Angekommen auf der Festung, kann er es kaum erwarten, bis der klapprige alte Kerkermeister die vier eichenen Türen, von denen jede mit sieben Schlössern gesichert ist, aufgesperrt, die letzte Tür aufgestoßen und »Seine Majestät, der König!« gekrächzt hat.
Nicht ohne Befriedigung blickt der alte Tyrann auf den dünnen Mann, der da neben seinem eigenen Grabstein an die Mauer geschmiedet, mit Stangen und Eisen scheinbar fest arretiert, ihm aufmerksam entgegensieht.
»Schließ Er die Tür und molestier Er uns nicht!«, raunzt der König den Profoss an, und das hätte er nicht gesagt, wenn er geahnt hätte, dass Trencks Hand- und Fußgelenke

in der langen Haft bei Wassersuppe und Brot so dünn geworden sind, dass er in Sekundenschnelle aus den Schließeisen schlüpft.
Für das, was sich in dem modrigen Verlies in den nächsten Minuten ereignet, gibt es keine Zeugen. Der Kampf ist wahrscheinlich sehr kurz, wobei Trenck das Überraschungsmoment auf seiner Seite hat. Es ist anzunehmen, dass der König, der im Kriegsgetümmel mehr als einmal seinen Feinden entkam, einfach nicht glauben will, was sein ehemaliger Adjutant sich da gegen ihn erlaubt.
Ein Moment des Zögerns, dann kommt es zu einem schnellen Kleiderwechsel, bei dem der König auch seiner Perücke, seines Dreispitzes und des Krückstocks verlustig geht. Aber das hat er wohl nur noch wie unter einem Nebelschleier mitbekommen, so verblüfft, wie er war.
Der Wachposten lässt Trenck, der den Dreispitz tief ins Gesicht gezogen hat, passieren. Er ist ja in den Jahren unter der Erde selber blind wie ein Maulwurf geworden, und so marschiert Trenck durch die vier weit geöffneten Türen mit den 28 Schlössern und Riegeln an salutierenden Wachen vorbei, besteigt die Kutsche, und ab geht die Post nach Potsdam.
Schon am nächsten Tag sitzt Trenck in Friedrichs Rollstuhl auf der Terrasse von Sanssouci. Der Leibdiener Fredersdorf, auch schon uralt, wundert sich ein bisschen über den strengen Geruch, den sein Herr verbreitet, aber der hat ja nie viel auf körperliche Hygiene gehalten.
Nur die Windspiele des Königs kann er nicht täuschen, die schnuppern mal kurz an dem falschen Friedrich und verziehen sich mit gerümpften Nasen in die seidenen Betten im königlichen Schlafzimmer.

Was inzwischen in Trencks finsterem Verlies in den Magdeburger Kasematten passiert ist, können wir uns gut vorstellen. Wahrscheinlich hat der König getobt, als er seine Lage erkannte. Aber hinter den meterdicken Mauern und den vier Eichentüren hört ihn natürlich keiner und er muss erst mal da bleiben, wo er ist.

Als der große Stratege und Schlachtenlenker sich beruhigt hat und die Lage analysiert, kommt er zu dem Schluss, es sei besser, jedes Aufsehen zu vermeiden. Vor allem muss er um jeden Preis verhindern, dass Voltaire, die alte Plaudertasche, von der Sache erfährt. Der würde ihn doch sofort in ganz Europa zum Gespött der Leute machen, und wie stünde er dann vor der Geschichte da!

Die Vorstellung, das Schandmaul Voltaire könnte davon Wind bekommen!

So vergehen zwei Wochen.
In Potsdam hat Trenck an seiner Rolle als Alter Fritz Gefallen gefunden. Er verscheucht die Windhunde aus dem Schlafzimmer, die Verpflegung ist erlesen und reichlich, die Weine sind vorzüglich. Die Nachmittage verbringt er auf der Schlossterrasse, von Fredersdorf eingewickelt in warme, weiche Wolldecken, und blinzelt in die Sonne, die er nach dem Willen des Königs nie mehr hätte sehen sollen.
Da schlägt das Schicksal abermals zu.
Der Baronin Trenck in Wien, seiner treusorgenden Gattin, fällt langsam auf, dass sie ewig nichts von ihrem Helden gehört hat. Sie ist es zwar von ihm gewöhnt, dass er auf weiten Feldzügen unterwegs ist, manchmal muss er die Türken bis ans Schwarze Meer verfolgen, aber zehn Jahre? So lang war er doch noch nie weg gewesen?
Sie fängt also an zu recherchieren, aber sie kommt nicht recht weiter. Keiner will wissen, wo der Rittmeister Freiherr von der Trenck abgeblieben ist. Da setzt sich die resolute Baronin in ihre vierspännige Karosse und fährt schnurgerade in die Höhle des Löwen, nach Potsdam, um den König zu stellen.
Sie staunt ja nicht schlecht, als sie merkt, wer da in der schäbigen Uniform des Alten Fritz im Rollstuhl sitzt. Aber sie vergibt ihm, man verzieht sich in die seidenen Betten und der Abenteurer Trenck findet, dass er mal wieder einen Tapetenwechsel braucht.
Er verabschiedet sich von Fredersdorf, steckt sich, als Haftentschädigung, ein Dutzend der sündteuren brillantenbesetzten Schnupftabaksdosen ein, die im Schloss herumliegen, und reist als reicher Mann nach Wien. Dort, auf dem

Heldenplatz, wird er von einer unübersehbaren Menschenmenge frenetisch gefeiert und bejubelt.

Vor seiner Abreise hat er noch dafür gesorgt, dass der Alte Fritz aus dem Magdeburger Verlies befreit wird. Der schweigt natürlich wie ein Grab über den Vorfall und vergattert auch alle Mitwisser zu höchster Diskretion, wenn ihnen ihre Freiheit lieb ist.

Die Vorstellung, das alte Schandmaul Voltaire könnte von der Sache Wind bekommen, hat ihn bis an sein Lebensende verfolgt, und tatsächlich ist diese Geschichte auch nie publik geworden, was ja ein wahres Wunder ist, wenn man an den notorischen Hofklatsch der Rokokozeit denkt.

»Die Drohung, jeden, der nicht dichthält, auf immer und ewig in Trencks Verlies zu sperren, hat wohl Wirkung gezeigt, jedenfalls bis hier und heute«, schließe ich meinen Bericht.

Es ist Nacht geworden.

Der Regen hat aufgehört. Noch tropft es von den Zweigen, aber hinter den dahinziehenden grauen Wolken funkeln die ersten Sterne.

Nenna gähnt und streckt sich und verkündet, sie müsse diese Wahnsinnsgeschichte erst mal auf sich einwirken lassen.

So viel aber könne sie jetzt schon sagen: Dass Trenck diese sauteuren Schnupftabaksdosen hat mitgehen lassen, sei aus ihrer Sicht völlig in Ordnung und als Haftentschädigung ohne Weiteres zu rechtfertigen.

Dieser ganze Luxus sei ja überhaupt sehr merkwürdig, wo es doch in der Schule immer geheißen hat, der Alte Fritz

habe sooo sparsam gelebt und immer seinen alten blauen Uniformrock aufgetragen!
Nach dem, was sie soeben erfahren habe, sei das doch die reine Heuchelei!
Dass der König für drei Wochen, wenn sie richtig gerechnet habe, ins finstere Kabuff musste, sei aus ihrer Sicht nicht zu beanstanden. Da sei dem alten Despoten wenigstens mal gedämmert, dass Fürsten sich auch nicht alles ungestraft herausnehmen können.
Dass er dann bis zu seinem Tode brav und friedlich auf der Terrasse gesessen habe, sehe doch ganz nach einem gelungenen Lernprozess aus.
Damit gähnt die studierte Pädagogin Nenna noch einmal herzhaft, und ich folge ihr in die seidenen Kissen von Elfbrook House.

DER LETZTE TAG

Am frühen Morgen kommt Betsy und macht sich als Erstes über den aprikosenfarbenen Teppichboden her. Der hat danach über die ganze Fläche hin einen Ton angenommen, der an ein sehr hellbraunes Kuhfell erinnert.
»Es wird viel besser aussehen, wenn es trocken ist«, tröstet sie uns.
Ich habe meine Feldstaffelei unter den Bäumen aufgestellt und male eine Vedoute von Elfbrook House. Es soll unser Abschiedsgeschenk sein.
Sniffler liegt unter dem Ginsterbusch, in dessen Geäst ein buddhistischer Gartengong hängt. Das sind unterschiedlich lange Bronzestäbe, die beim leisesten Windhauch aneinanderstoßen und dabei feenhafte Klänge von sich geben. Sniffler liebt diese Sphärenklänge fast noch mehr als die Fingerübungen von Hanon. So kann Nenna hinter verschlossenen Türen ungestört die Koffer packen, während ich mit ihrem Föhn über den Boden krieche und in kreisförmigen Bewegungen die Trocknung des Teppichbodens beschleunige. Ich würde die Farbe jetzt mit der von sehr reifen Pfirsichen vergleichen. Abschließend sprühe ich reichlich Aqua di Parma über die ganze Fläche.
Dann sind Sam und Emily da.
Tapfer berichten sie von dem Klimawandel, der in diesem Jahr auch die griechischen Inseln erreicht habe, was aber durchaus Vorteile bringe.
So sei Emilys kleiner englischer Landschaftspark, den sie vor Jahren mit unendlicher Mühe auf den kahlen Klippen

von Lesbos angelegt hat, geradezu explodiert und jetzt so grün wie nie zuvor, »very British!«.
Und die Zisterne sei zum ersten Mal seit Bestehen gefüllt bis zum Überlauf.
Aber wie es uns denn ergangen sei?
Ob wir schöne Reisen unternommen hätten?
Firle Place? Monk's House? Sissinghurst? Petworth? Nymans Garden, Charleston Farmhouse? Und Damien Hirst in der Tate Gallery?
»Tja, wisst ihr«, sagt Nenna gedehnt, »das wollten wir ja eigentlich alles sehen, aber dann kam dieser wahnsinnige Jahrhundertsommer dazwischen, ein Tag schöner als der andere, und wir haben jede Minute sooo genossen. Wir brachten es einfach nicht übers Herz, uns in ein stinkendes Auto zu setzen und auf überfüllten Straßen die übliche Touristentour abzuarbeiten.«
Ob sie das verstünden?
Und dann ist auch noch dieses tolle Ding mit Damien Hirsts Haifisch passiert. Irgendwas stimmte nicht mit der Marinade, in der er geschwommen ist. Jedenfalls hat er sich langsam aufgelöst, und die Brühe fing an, ganz übel zu riechen. Die Restauratoren waren ratlos, die konnten vielleicht einen REYNOLDS restaurieren oder einen VAN DYKE, aber keinen Haifisch. Wahrscheinlich fanden sie das ja auch unter ihrer Würde?
Also wurde mit einem Riesenaufwand im Roten Meer ein gleich großer Hai angelockt, harpuniert und nach London geflogen, und der schwimmt jetzt in Hirsts Aquarium, eine Kopie sozusagen. Seither streiten sich die Kritiker darüber, ob das alles sein darf und ob das überhaupt noch ein

Originalwerk ist. Denn so einen Fall hat es ja noch nie gegeben, besonders nicht in der Preislage von mehreren Millionen Pfund.

Wir jedenfalls haben beschlossen, erst einmal in Ruhe abzuwarten, bis sich die Herrschaften in der Beurteilung einig sind, bevor wir uns für ein Fake auf den langen Weg nach London machen, das fehlte ja noch!

Während die Frauen das Abendessen zubereiten, beichte ich Sam unseren Mundraub. Gleich morgen früh als Erstes würde ich zu »Waitrose« nach Brighton fahren und dort anhand meiner Liste die Vorräte ergänzen.

Das wird sofort entrüstet abgelehnt mit dem Hinweis, es gebe in Sussex eine lange, bis in das frühe 19. Jahrhundert reichende Tradition von »Artists in Residence«. Schon damals hätten Maler wie Turner und Constable auf Landsitzen wie Petworth House monatelang in Saus und Braus gelebt und dafür mit kleinen Vedouten bezahlt, die heute der Stolz der Nachfahren und nebenbei fast unbezahlbar seien.

Dann werden mehrere Flaschen des alten Bordeaux herbeigeholt, von denen, das sei lobend erwähnt, wir die Finger gelassen haben, und Toasts werden ausgebracht: Auf Damien Hirsts Haifisch, auf Mr. Singh, auf den Bluebell Express, auf Admiral Nelson, auf alle Taxifahrer des Vereinigten Königreichs, auf Capability Brown, auf Mrs. Thatcher, auf ihre Handtasche, auf jeden von uns und mehrmals auf Sniffler.

Darauf erheben sich Sam und Emily kerzengerade, schreiten in vorbildlicher Haltung zum Fuß der Treppe und kriechen anschließend auf allen vieren hinauf in den Master

Bedroom, gefolgt von Sniffler, der, darauf möchte ich schwören, einen letzten triumphierenden Blick auf uns zurückwirft.
Nenna behauptet sogar, er habe uns blitzschnell die Zunge herausgestreckt. Ich halte das für einen reinen Zufall. Hunden, besonders älteren, passiert das manchmal, dass ihnen die Zunge aus dem Maul hängt, ohne dass sie sich das Geringste dabei denken.

EIN BEITRAG ZUM WELTFRIEDEN

Am nächsten Morgen fliegen wir wieder hoch über die Gärten und Felder von Kent, über die weißen Klippen von Dover, sehen ein halbes Dutzend winzige Schiffe den Ärmelkanal durchqueren und drei Minuten später vor uns die grüngesprenkelten Dünen des Pas de Calais.
Obwohl kein Wölkchen zu sehen ist, werden wir von Turbulenzen durchgeschüttelt und sind während des ganzen Fluges fest an unsere Sitze geschnallt.
Plötzlich lacht Nenna auf.
»Ich hab' mir gerade vorgestellt, der Alte Fritz hätte sich statt der faden Windhunde eine Horde von Dackeln wie Sniffler gehalten. Die hätten ihn nie von Sanssouci weggelassen! Dann hätt's auch keinen Siebenjährigen Krieg gegeben, in Lemberg gäb's Wiener Kaffeehäuser und Trenck wäre friedlich im Bett gestorben.«

Wir hängen noch eine Weile dieser schönen Vorstellung nach, während das Flugzeug von einem Luftloch ins andere fällt. »Alles Unglück in der Welt rührt daher, dass die Menschen nicht in ihren Zimmern bleiben können«, zitiere ich feierlich.
»Sehr weise«, sagt Nenna. »Ist das von dir?«
»Nee, von einem alten Franzosen, Voltaire, glaube ich«, sage ich unsicher.
»Wie schön, dass wir uns nicht daran gehalten haben«, gähnt Nenna. »Ich fand nämlich unseren Urlaub ganz, ganz ...« Der Rest geht in einem Murmeln unter.
Dann haben wir auch schon das Festland erreicht, der Flug wird ruhig und friedlich, die Sonne geht unter, Nenna ist eingeschlafen und alles war gut.

N. B. Nun ruht er schon lange im Schatten der großen Zeder aus dem Libanon, fünf Fuß unter der Erde. Aber Sniffers Geist, da sind wir ganz sicher, jagt noch immer in den hellen Mondnächten mit wehender Mähne, mit einem weißen Ball im Maul, über den Golfplatz von Elfhurst. Wie sonst wäre es zu erklären, dass noch Jahre nach seinem Tod immer wieder an abgelegenen Orten von Wanderern Bälle gefunden werden, die ganz sicher nicht von Golfern dorthin gespielt worden sind?